我的第一套视觉百科

昆虫

张功学◎主编

陕西新华出版传媒集团
未　来　出　版　社

前 言

昆虫是地球上数量最多的一类动物，无论土壤里、植物上还是水中，都可以看到它们的身影。不仅如此，昆虫是地球的老住户了，它们出现得比恐龙还要早。几亿年来，昆虫经历了多次大规模的地球灾难，仍生生不息，可见它们的生命力是多么顽强。

昆虫王国里的成员千姿百态：有辛勤的蜜蜂、美丽的蝴蝶、威武的螳螂、忙碌的蚂蚁，还有身穿铠甲的甲虫……这些“大明星”都有其独特的风采，也都拥有特殊的才能和特点。虽然昆虫大都个头小、不起眼，但它们在自然生态系统中却占有举足轻重的地位。只有了解昆虫的生活习性，并与昆虫和平共处，才能使我们美丽的地球更加充满生机。

想认识这些小家伙吗？那就让我们一起走进这缤纷多彩的昆虫王国吧！

目录

什么是昆虫

昆虫是自然界中常见的小动物，在昆虫王国里，大多数成员都很“渺小”。尽管如此，它们大多拥有大自然赋予各自的本领，在自然界里占有一席之地。

6条腿

所有昆虫都有6条腿，分成3对。那些少于3对或多于3对的动物，都不是昆虫王国的成员。

最大的特征

昆虫最大的特征就是身体由明显的头、胸、腹三个部分组成，各部分的功能也不相同。这也是我们认识昆虫的常用方法。

不是昆虫的动物

许多动物都会被误认为是昆虫，如蜘蛛、蝎子，它们都有8条腿，而蜈蚣有几十条腿，就更不可能是昆虫了。

昆虫家族

昆虫家族里成员众多，如蚕、蛐蛐儿、蝴蝶，以及惹人厌恶的苍蝇、蚊子等。虽然昆虫家族如此庞大，形态各异，但是彼此之间还是有相似之处的。

数量繁多

地球上种类最多的动物就是昆虫，目前，人类已知的昆虫有100余万种，而且每种昆虫的数量也很多。

▲ 昆虫家族部分成员

寄生昆虫

昆虫中有一些成员靠寄宿在其他动物身上、体内，吸食它们的血液为生，这就是寄生昆虫。这类昆虫通常都比较小，如虱子、跳蚤等。

多样的生活环境

昆虫具有顽强的生命力，它们生活的环境多种多样，岩石、洞穴、河流、沙漠，甚至珠穆朗玛峰上都有它们的身影。

昆虫家谱

科学家根据昆虫的不同形态和生活习性将其分门别类，一般分为34个目，目下面又分科，科下面又有属和种。

部分常见的昆虫

惊人的繁殖力

大多数昆虫都有着惊人的繁殖能力。通常情况下，一只雌性昆虫一生产卵的数量为数百粒到上千粒，有的甚至更多。

▲ 蛾子的卵

身体的秘密

在漫长的进化中，昆虫逐渐形成了独有的身体结构。虽然昆虫看起来很小，但身体的内部构造很复杂，各器官之间完美配合，形成一个完整的生命体。

眼睛

昆虫的眼睛非常奇特，有单眼和复眼之分。有些昆虫的眼睛能自由转动，还有些昆虫的眼睛能看到人类肉眼无法观察到的紫外线。

单眼和复眼

单眼：结构极其简单，只是一个突出的水晶体，一般是看不到东西的，只能辨别光线的强弱和距离的远近。

复眼：昆虫最主要的视觉器官，由许许多多六边形的小眼紧密排列组合而成，每个小眼各自能看见物体的一部分，组合起来就看到了整个物体。

▶ 复眼

耳朵

许多昆虫的耳朵生长的部位十分奇特，并不是长在头上，而是长在腿上或腹部两侧。它们不仅位置不同，而且形状也各式各样。

◀ 蛾子的耳朵长在腹部两侧

昆虫口器的种类

咀嚼式口器：可以直接咀嚼固体食物，如蝗虫、蟋蟀、蟑螂、天牛等。

嚼吸式口器：不仅能咀嚼固体食物，还能当成吸管来吸食液体花蜜，如蜜蜂。

刺吸式口器：像一个空心针头，插进食物里就能吸食汁液，如蚊子。

舐吸式口器：像一个吸尘器，可以吸食固体颗粒食物或液体食物，如苍蝇。

虹吸式口器：是一根能卷曲和伸展的管子，十分适合吸食花管底部的花蜜，如蝴蝶。

嘴巴

昆虫的“嘴”叫作口器。昆虫口器的形状千奇百怪，有些像针管，有些像吸尘器，有些甚至成了捕食和打斗时的武器。

◀ 蝉的口器属于刺吸式

蜜蜂的翅膀

翅膀

昆虫的种类不同，它们翅膀的形状和功能也各不相同。翅膀不仅是昆虫的飞行工具，还可以用来进行伪装、演奏、传递信息、警告天敌等。

昆虫的一生

昆虫的一生身体总在经历不同的变化。在发育的阶段，绝大部分昆虫都要经历卵、幼虫、蛹、成虫等发育阶段，如蜜蜂、跳蚤、蝗虫等。

卵

昆虫的卵是它们来到世界上的第一种生命形态，它们的蜕变是从卵中开始的。

▲ 蚂蚁的卵

▼ 天蛾的幼虫

幼虫

昆虫从卵中孵化出来后，就进入了幼虫阶段。昆虫幼虫的身体特征、取食方式、防御敌害的能力也各不相同。

◀ 在水中生活的蚊子幼虫

成虫

昆虫从幼虫或蛹蜕去最后一次皮或蛹壳，终于变为成虫。人们给这一过程取了个好听的名字——羽化。

蛹

许多昆虫的幼虫在长到一定阶段后，会寻找适宜的场所，变成不食不动的蛹，进行幼虫期最后一次蜕皮，这称为化蛹。从化蛹到成虫羽化所经历的时间叫作蛹期。

变态发育

大多数昆虫的成长都是一个“大变样”的过程，这种发育过程叫作变态发育。变态发育可以分为不完全变态和完全变态两种，不完全变态的昆虫会经历卵、幼虫和成虫 3 个阶段，完全变态的昆虫则还要多一个蛹的阶段。

若虫

不完全变态昆虫的幼虫也叫若虫，它们和成虫在身体外形、生活习性等方面都很相似，只不过幼虫个头较小，器官没有发育成熟，翅膀也没长好。

它们长到一定的阶段，还要经过几次蜕皮才能成为成虫。

正常发育

有些昆虫的幼虫和成虫在相貌上没有多大区别，只是身体大小和器官会随着虫龄的增长而变化，这属于正常发育，也叫无变态发育。

甲虫大家族

甲虫是所有鞘翅目昆虫的统称，也是昆虫中种类最多的一类，它们的背部都长着一层坚硬的“铠甲”。除了海洋以外，世界各地都有甲虫的踪迹，常见的有金龟子、天牛、瓢虫等。

爱吃植物

许多甲虫都是植物的大敌，它们以植物为食，有时甚至能将植物的叶片全部吃光，如天牛、金龟子、吉丁等。

▶ 金龟子

◀ 步甲

爱吃肉

甲虫家族中还有不少爱吃肉的成员，它们以其他小昆虫或小动物为食，比如虎甲、步甲、龙虱、萤火虫等。

各种各样的甲虫

爱吃腐食

有些甲虫喜欢以腐烂的动植物遗体为食，比如水龟甲的成虫爱吃腐烂的植物，葬甲却以动物的尸体为食。

▲ 吃腐食的甲虫

爱吃菌类

有些甲虫既不吃植物也不吃动物，而是常年生活在朽木或活树的枯死茎干里，以树干上长出的菌类为食，这些昆虫被统称为长扁甲。

▲ 天牛

甲虫的翅膀

甲虫有两对翅膀，前翅十分坚硬，不能用来飞行，只能起到保护身体的作用，称为鞘翅；后翅则是用来飞行的透明膜翅。甲虫的膜翅平时藏在坚硬的鞘翅下面，只有飞行时才会露出来。

小小清洁工

小小昆虫看着很不起眼，它们中有不少竟然是大自然的清洁工呢！比如俗称“屎壳郎”的蜣螂，就以动物的粪便为食；葬甲则会将野外死亡动物的遗体埋葬起来。

蜣螂推粪球

推粪球是蜣螂的拿手好戏。找到动物的粪便之后，蜣螂就会用腿将粪便滚成一个圆球，运回家里储藏起来。

▲ 蜣螂幼虫

在粪球里长大

蜣螂妈妈在产卵前，会先制作一个梨形的粪球，然后将卵产在粪球里。小蜣螂孵出来后，就以粪球为食，等把粪球吃光，小蜣螂也就长大了。

▶ 蜣螂

利用月光来找路

夜行性蜣螂的眼睛对月光十分敏感，可以依靠月光来定位，从而在外出觅食时不会迷路。科学家发现，在有月光的夜里，它们甚至可以沿着直线以最短的距离到达目的地。

葬甲的食物

葬甲又叫埋葬虫，它最主要的食物就是动物的尸体。葬甲会把卵产在动物的尸体上，这样幼虫就有足够的食物了。

▶ 葬甲

蜣螂处理粪球的工具

1.头前方带钉的半月形铲刀，便于把粪便收集到一起。

2.扁平的腿，有利于挖掘和整理粪球。

3.腿边的锯齿状结构，可以很好地切割粪球。

埋葬动物尸体

葬甲总是成群聚集在动物的尸体旁，一边进食一边挖掘尸体下面的土地，最后就自然而然地把尸体埋葬在地下了。

会发光的萤火虫

夜晚，飞舞的萤火虫看起来就像一颗颗会动的小星星。萤火虫是一种小型的甲虫，因为腹部能发出荧光而得名。它的光也和星星一样，白天是看不到的。

一直发光

萤火虫在一生的所有阶段都会发光。它们的成虫因为性别差异，长相和发光部位略有不同。

▶ 发光的萤火虫幼虫

日光灯的发明

萤火虫发出的冷光不仅具有很高的发光效率，而且很柔和，光的强度也比较高。科学家从萤火虫的发光器中找到一种荧光素，并根据发光器的大概原理制成了日光灯，不仅光线比白炽灯柔和，而且更省电。

微弱的光芒

萤火虫的发光器位于腹部，它们发出的光十分微弱，只有在夜晚才能看得清楚。不同种类的萤火虫发出的光颜色也不同。

柔和的冷光

萤火虫发出的光一般都很柔和，它既没有火焰，也没什么热度，所以又被称作“冷光”。

发光的机理

萤火虫发光的机理是，呼吸使萤火虫体内被称为“荧光素”的发光物质氧化，从而使萤火虫的腹部发出荧光。

发光交流

萤火虫没有专门的发声器官，它们利用发光来和同伴交流或求偶。在黑暗的夜晚，萤火虫通过各自发出的光就能清楚知道彼此的位置。

可爱的瓢虫

瓢虫是大家熟知的一种昆虫，它的背部圆圆的，向上拱起，有的上面还有一些黑色的小点点，看起来非常可爱。人们可以通过瓢虫背上的点点来区分它们。

硬硬的鞘翅

瓢虫也是一种甲虫，那硬硬的背其实是它的鞘翅。这一对鞘翅不仅是瓢虫的花衣裳，还是它的保护伞，可以保护瓢虫的身体免遭天敌的伤害。

小时候的样子

瓢虫可不是从小就这么可爱。它在幼虫时期长得和成虫一点儿也不像，要经过几次蜕皮后，幼虫才能长大。

不同的瓢虫

瓢虫身上的颜色十分鲜艳，许多都是红色的，还有一些是黄色、桔色、棕色或黑色的。它们身上的斑点数量也各不相同，有多有少，有的甚至没有斑点。

◀ 各种各样的瓢虫

爱吃的东西

绝大多数瓢虫吃蚜虫、介壳虫等害虫，对林业、农业有益。植食性瓢虫会危害农作物的健康。

▲ 瓢虫和蚜虫

七星瓢虫

七星瓢虫可是瓢虫家族的大明星，它的外壳是红色的，上面有七颗黑色的“星”。七星瓢虫会捕食蚜虫、介壳虫等危害树木的昆虫，所以被人们称为“活农药”。

飞行专家

瓢虫总是静静地待在草茎或枝叶上，看起来不太会飞。其实，小小瓢虫可是技艺精湛的飞行专家呢，可以在花园里来去自如。

植物的克星

有些昆虫虽小，却是许多植物的大敌。它们以植物为食，有时甚至能将植物的叶片全部吃光，严重影响植物的正常生长。很多昆虫在吃植物的同时，还会传播病毒。

▲ 天牛

天牛

天牛的幼虫和成虫都以植物为食，尤其是幼虫。它们能在树干里生活一两年，用发达的上颚不停地啃食树干，致使树木逐渐枯萎。

天牛的触角

天牛的种类很多，不同种类之间体形的差异也很大。大多数天牛都有着坚硬的鞘翅和长长的触角，有些种类触角甚至比它的身体还长，这是天牛灵敏的嗅觉器官。

▶ 金龟子

金龟子的幼虫

金龟子的幼虫叫作“蛴螬”，是一种白白胖胖的虫子，生活在地下的土壤中，以植物的根、块茎和幼苗为食。蛴螬很少离开土壤，而且不喜欢太高的温度，天热时，它们就会钻到地下深处去，天凉时才回到地面取食。

金龟子

绝大多数金龟子都以植物为食。它们除了危害梨、桃、李、葡萄、苹果、柑橘等果树外，还会对柳树、桑树、樟木等树木造成危害。

▶ 蚜虫

蚜虫

蚜虫又称蜜虫、腻虫，常成群在植物的叶片、花、嫩茎等部位吸食汁液，不仅阻碍植物生长，还会造成花、叶、芽畸形，甚至全株枯死。

介壳虫

介壳虫是花卉和果树上最常见的害虫之一，它们常成群栖息在植物的枝叶和果实上，吸取植物的汁液。介壳虫数量过多时会造成植物枝条枯萎，甚至全株死亡。

叶蝉

叶蝉因为主要危害植物叶片而得名。叶蝉的成虫用嘴刺吸植物的汁液，会造成叶片汁液损失，叶绿素被破坏，严重时能使枝条叶片全部枯萎。

▶ 叶蝉

蝴蝶和蛾子

蝴蝶和蛾子长得有点像，它们同属于鳞翅目的昆虫，翅膀上都有许多细小的鳞片，这些鳞片交叠在一起形成了不同的图案。不过，蝴蝶和蛾子也有很多不同的地方。

吸管“嘴巴”

蝴蝶和蛾子的嘴巴长得很特别，是一根中空的细长“管子”。平时这根管子是卷起来的，进食的时候才伸展开来。

▲ 幼虫、蛹和成虫

长大过程

蝴蝶和蛾子的一生都要经历卵、幼虫、蛹、成虫四个阶段，它们的幼虫是毛毛虫，长大后才长出美丽的翅膀。

▲ 各种各样的蝴蝶

它们的不同点

1.蝴蝶的身材比较纤细，蛾子丰满多毛。

2.蝴蝶的触角多是棒槌状的，蛾子的触角是丝状或羽状的。

3.蝴蝶休息时翅膀总是竖立在背上，蛾子休息时将翅膀平放。

4.蝴蝶喜欢在阳光下活动，蛾子喜欢夜里出来。

阳光下舞蹈

蝴蝶喜欢在阳光下翩翩起舞，穿行在美丽的花丛间，因此被人们誉为“会飞的花朵”。它们常以“舞蹈语言”来表达情感。

飞蛾扑火

有时候，蛾子会把火焰或灯光错当成月光。因为光源离得太近，蛾在飞行时眼睛感受到的光线角度就总在变化。于是，可怜的蛾只好不断调整飞行方向，打着转儿绕光源飞，并不断接近光源，最终丧命于火。

跟着月光走

蛾是一种夜间活动的昆虫，它能利用明亮的月光来判断方向。只要看到月光，蛾就能感觉到光线的角度，一直沿着直线前进。

出色的“建筑师”

许多昆虫都是天生的“建筑师”，它们会利用周围环境，靠集体的力量把自己的巢穴建造得舒服而温暖，不仅可以休息、避敌，还可以繁殖和保护下一代。

缝叶蚁的树巢

缝叶蚁是蚂蚁家族里大名鼎鼎的“建筑师”，当大多数蚂蚁都在地下挖洞筑巢时，缝叶蚁却把巢筑在高高的枝头上。

◀ 缝叶蚁和它们的巢

白蚁的蚁巢

白蚁的蚁巢不仅庞大，而且结构复杂，里面分了很多层，最外面是坚固的围墙，里面有四通八达的蚁道和螺旋式的楼梯。

▶ 白蚁塔

酿造蜂蜜

蜜蜂最喜欢的食物就是花蜜了，它们会把花蜜酿造成蜂蜜食用。制作蜂蜜时，工蜂会将花蜜吸进胃里再吐出，这样反复很多次后，再把蜜存放在蜂巢里，用蜂蜡封存起来，最终制成香甜的蜂蜜。

▲ 蜂蜜

成群生活

蜜蜂是一种社会性昆虫，总是成群地生活在一起。一个蜂群中可能会有成千上万只蜜蜂，由蜂王、工蜂和雄蜂组成，是一个团结的小社会。

倒挂在树上的巢

胡蜂的巢是倒挂在树上的，里边有雄蜂房、蜂王台和工蜂房，蜂巢之间还有过道相连。这个多层蜂巢就像一个空中楼阁。

▶ 蜜蜂的蜂房

蜜蜂的巢房

蜜蜂的巢房是由一个个六角形房室组成的，各室相连，非常精妙。蜜蜂高超的建筑技艺常常令杰出的建筑师都赞叹不已。

别捅马蜂窝

胡蜂就是我们常说的马蜂，它们对蜂巢的戒备十分森严，绝不允许敌人来侵犯。每当蜂巢受到攻击时，胡蜂就会群起而攻之。所以，没事千万别去捅马蜂窝。

辛勤的“劳动者”

▲ 蜜蜂采蜜

昆虫中有许多辛勤的“劳动者”，尤其以蜜蜂和蚂蚁最为著名。它们总是成群地生活在一起，组成一个小社会，不同成员分工明确，井然有序地一起劳作。

勤劳的小蜜蜂

蜜蜂每天辛勤工作，白天采花蜜，晚上酿造蜂蜜，不仅帮助植物传播了花粉，还为人们提供了蜂蜜和蜂王浆。

种类繁多的蚂蚁

蚂蚁是地球上最常见的一种昆虫，居住在砖缝、树洞中或地下。中国已确定的蚂蚁种类有600多种。

保护蚜虫

蚜虫的分泌物叫作“蜜露”，味甜如蜜，是蚂蚁的最爱。为了从蚜虫身上获得蜜露，蚂蚁总是对蚜虫关怀备至，不但会将落在地面上的蚜虫送回植物上，还会帮助蚜虫赶走入侵者，保护蚜虫。

▼ 蚂蚁搬运食物

“蚂蚁王国”

“蚂蚁王国”里有蚁后、雄蚁、工蚁、兵蚁等成员。工蚁在整个蚁群中最繁忙，要负责寻找食物、照顾幼蚁、建设巢穴等工作。

蚂蚁的分工

蚁后：通常一个蚁群只有一只蚁后，专门负责产卵繁殖。

雄蚁：负责与蚁后交配，交配后就会死亡。

工蚁：蚁群的主要成员，负责觅食、饲养幼蚁、清扫等杂勤工作。

兵蚁：蚁群的保卫者，担负着蚁群的安全。

联络信号

蚂蚁会分泌一种特殊的气味作为同伴之间的联络信号。在外出寻找食物时，后面的工蚁可以凭着这种气味找到前面的同伴。

◀ 蚂蚁靠触角辨别气味

种蘑菇的蚂蚁

在亚马孙河流域的热带丛林里，有一种切叶蚁，它们并不直接吃树叶，而是将叶子从树上切成小片带到蚁穴里发酵，然后在上面种植蘑菇。

爱唱歌的蝉

夏天的午后，蝉总是在树上高声歌唱，发出“知了——知了——”的叫声，所以蝉又被叫作“知了”。其实，蝉并不是用嘴巴来唱歌的，它的发声器官在腹部。

会唱歌的雄蝉

通常只有雄蝉才会唱歌，雌蝉根本无法发出声音。而雄蝉唱歌是为了吸引异性，雌蝉听到歌声后，就会飞过来。

雌蝉不发声，但在腹部有听器

以植物为食

蝉从小到大都靠吸食植物的汁液为生。幼虫在地底下吸取植物根部的汁液，成虫将自己细长的嘴插入树干，吸取汁液。因此，蝉对植物的伤害很大。

蝉的鼓膜器

蝉的发声器官是位于腹部的鼓膜器。雄蝉通过肌肉的收缩和松弛来振动鼓膜，发出响亮的声音。

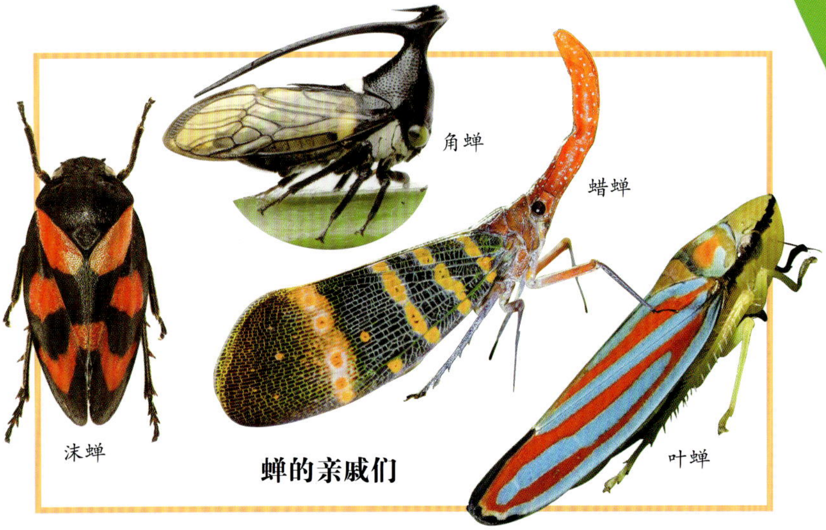

蝉的亲戚们

长大过程

蝉从小到大会经历卵、幼虫、成虫三个阶段。卵孵化成幼虫后，会钻进土壤中去生活，等到幼虫成熟后爬到地面，再经历一次蜕皮就可以长成成虫。

▲ 蝉蜕皮

储存汁液

平时，蝉会把大量的树木汁液储存在体内。这样一来蝉的身体就会变得很沉，所以它很少飞。可一旦遇到危险，蝉就会立即排出体内的汁液，迅速展翅飞走。

地下生活

蝉一生的大部分时间都是在地底下度过的，等它的幼虫从地下钻出来变成成虫后，就只能在阳光下享受几个月的时光。

▶ 蝉的幼虫

臭臭的椿象

椿象俗称“放屁虫”，它身上长有臭腺孔，遇到危险时能放出臭气。世界上共有三万多种椿象，它们的体型和生活方式差异很大，但都能散发出难闻的臭味。

胸部的臭腺

椿象的臭腺位于它的胸部。一旦遇到外敌骚扰，这种臭腺就会分泌出挥发性的臭虫酸，并迅速弥漫到空气中，使四周臭不可闻。

椿象的食性

椿象中的大部分种类都以植物的汁液为食，也有一小部分种类是肉食性的，会捕捉一些昆虫及它们的幼虫为食。

▼ 椿象吸食植物汁液

细长的嘴

椿象的分布很广泛，所有椿象都有着尖而细长的嘴，用来刺穿植物的茎、叶和果实，或刺吸动物的血液。

▲ 椿象的卵

成长过程

椿象的成长过程一般要经历卵、幼虫和成虫3个时期。它们的幼虫没有翅膀，就在卵壳附近生活，直到经历几次蜕皮后才成为成虫，长出翅膀。

危害植物

大多数椿象会吸食植物的汁液，造成植物生长停滞，枝叶萎缩，甚至花果脱落。其中稻蝽主要以水稻为食，荔蝽、茶翅蝽主要危害果树，菜蝽主要吃蔬菜，瓜蝽则以各种瓜类为食。

▲ 荔蝽

◀ 稻绿蝽

▲ 菜蝽

▶ 瓜蝽

田间“音乐家”

有许多昆虫会利用身体的器官发出声响。在夏天，无论白天还是晚上，人们总能听到这些昆虫“音乐家”的声音。而其中最负盛名的“田园歌手”，就是蟋蟀和螽斯。

蟋蟀的左右翅相互摩擦时，会发出清亮的声音

蟋蟀的“乐器”

蟋蟀可以说是人们最熟悉的昆虫“音乐家”了。它们喜欢独自生活，那嘹亮的鸣叫声既能警告同伴，还能吸引异性。蟋蟀的前翅和它的身体能组合成一个特殊的“乐器”，从而发出悦耳的鸣声。或许，我们叫它“演奏家”更合适。

“鸣虫之王”

黄蛉又叫黄蟋蟀，是一种全身金黄色的小蟋蟀。它的鸣声为清脆的“铃铃”声，十分悦耳，曾有“鸣虫之王”的美誉，也有人将它称为“金色小提琴手”。

叫声响亮的螽斯

螽斯就是我们常说的“蝈蝈”，它是昆虫“音乐家”中的佼佼者，叫声比蟋蟀还要响亮。它主要是靠一对覆翅相互摩擦，发出美妙声音的。

纺织娘

纺织娘是一种古老的鸣虫。在夏天的夜晚，它总是躲在野外的草丛中，发出“轧织、轧织”的声音，就像纺车转动一样，所以人们就给它取了这样的名字。

▶ 绿色螽斯

鸣声的作用

螽斯主要用鸣声来寻找配偶，雄螽斯往往能连续唱很长时间的“求偶曲”。有时候，螽斯也会用鸣叫声来发出警告。

螽斯的伪装

螽斯的体色为绿色或褐色，加上有的螽斯还会把自己拟态成树叶或枯叶，因此当它们不鸣叫时，天敌很难发现它们。

跳跃能手

昆虫的运动方式主要有爬行、飞行和跳跃。跳跃不仅是昆虫行走的一种有效方式，还是逃离危险最快捷的方式。有些昆虫更是凭借自己强健的腿，成为昆虫王国里的跳跃高手。

▲ 沫蝉

跳高冠军

沫蝉身长还不到1厘米，但它却能跳到身长一百多倍的高度，就相当于人跳到二百米那么高。

吹泡沫的虫

沫蝉的幼虫非常弱小，为了保护自己，幼虫会从体内分泌出许多泡沫，既能把自己隐藏起来，也能一直保持身体湿润。正因为这样，人们又把沫蝉的幼虫称为“吹泡虫”。

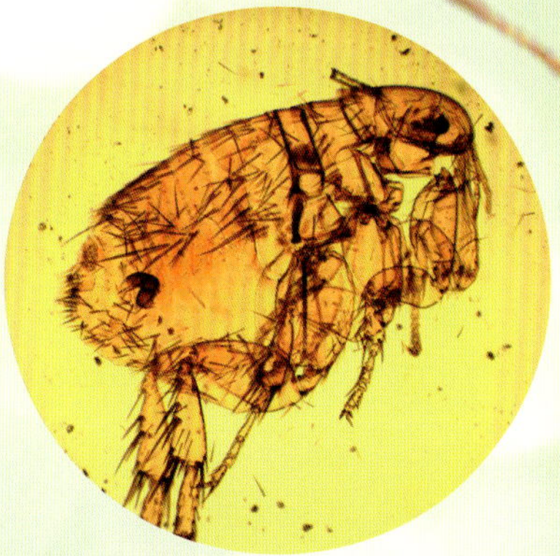

▲ 跳蚤

善跳的跳蚤

跳蚤是昆虫王国里名副其实的跳跃高手，不仅跳得高，还跳得远。它一跳就能跳到自己身长的百倍那么远，真是惊人！

跳远高手

蝗虫发达的后腿让人一看就联想到了高超的跳跃能力。它可以做长距离的跳跃，能轻易跳到很远的地方，因此被称为昆虫中的“跳远高手”。

蝗虫迁飞

迁飞是蝗虫的另一种本领。每当食物不够时，蝗虫就会成群迁飞到另一个地方去。蝗虫迁飞时数量大、时间长、距离远，有时甚至能跨越两个大陆。

▶ 蝗虫的幼虫

蝗虫的幼虫

蝗虫的幼虫叫“蝻”，它还没有长出翅膀来，只会跳跃。它的两条后腿特别强壮有力，十分善于跳跃。

飞行高手

多数昆虫长有翅膀，这也造就了一批善于飞行的昆虫。这些昆虫不仅有着利于飞行的翅膀，同时也具有高超的飞行本领，有些本领就连它们的天敌——鸟类也不一定能做到。

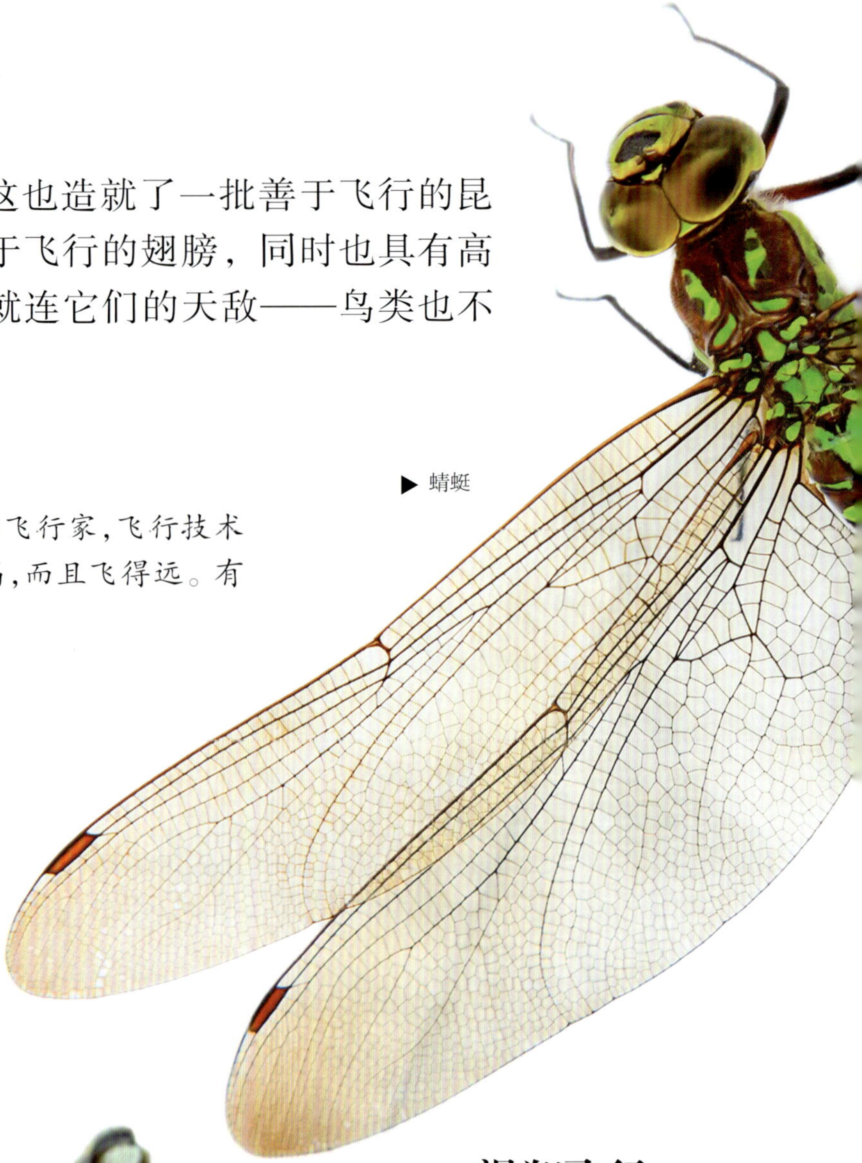

▶ 蜻蜓

昆虫飞行冠军

蜻蜓是昆虫世界中最出色的飞行家，飞行技术十分高超，它不但飞得快、飞得高，而且飞得远。有时，它还可以悬停在半空中。

蜻蜓的“翅痣”

蜻蜓每片翅膀的前上方都有一块厚厚的黑褐色斑块，像一颗痣一样，被称为“翅痣”。这是蜻蜓用来克服飞行震颤的装置，它可以帮助蜻蜓在飞行时保持平稳。

◀ 蝗虫

滑翔飞行

一些昆虫的翅膀宽大，它们拍动翅膀的频率较低，在拍打翅膀后可以通过滑翔在空中飞行，蝗虫就是典型的代表。

迁徙

许多昆虫有迁徙的习惯，在特定的时候成群而有规律地从一个地方长途飞行到另一个地方去。蝗虫的迁飞常会造成可怕的蝗灾；而帝王蝶则会每年不远万里迁徙到南方去过冬，形成一种景观。

躲避飞行

苍蝇和蚊子都有由后翅退化而成的平衡棒，这使它们能够快速地躲避危险，几乎在瞬间就可以完成对危险的判断并立刻转向飞行。

蜻蜓点水

蜻蜓的幼虫叫水虿，生活在水里，长大后才沿着水生植物的枝条爬出水面，经过蜕皮变成蜻蜓展翅高飞。为了将卵产在水中，蜻蜓就总是用尾巴点水。

▲ 蜻蜓的幼虫

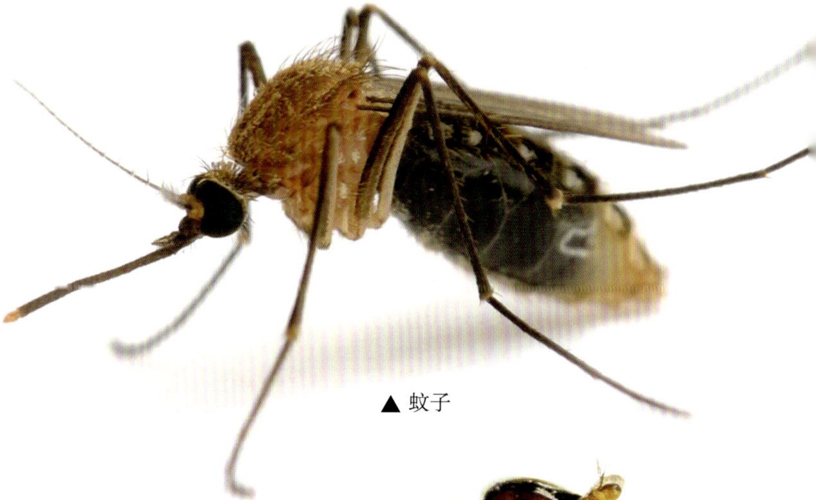

▲ 蚊子

善飞的食蚜蝇

食蚜蝇的幼虫善于捕食蚜虫，成虫则是善于飞翔的“高手”。它能够在空中像直升机一样垂直起落、平移，甚至在空中停留。

▶ 食蚜蝇

捕猎能手

昆虫家族有些成员是以其他昆虫或其幼虫为食物的，它们也因此练就了一身捕猎绝技。螳螂是昆虫中当之无愧的捕猎能手，除此之外，还有一些昆虫的捕猎习性很有特点。

昆虫“小霸王”

螳螂是昆虫王国的“小霸王”，它以蝉、蝗虫等昆虫为食，有时甚至会捕食小鸟、蜥蜴、蛙类等小型动物，捕猎几乎没有失手的时候。

▶ 螳螂捕食蝗虫

埋伏捕猎

螳螂习惯在猎物经常往来的地方埋伏等待，等猎物走近后以极快的速度扑上去。有些螳螂潜伏时还会随着周围环境而改变自己的形态与颜色。

◀ 绿色的螳螂

萤火虫的幼虫

萤火虫的幼虫靠猎取钉螺和蜗牛来生活。捕食猎物时，萤火虫幼虫会先给它来一针“麻醉剂”，使其失去知觉，再慢慢享受猎物。

螳螂的捕猎系统

灵活的头颈：可以180°自由转动，用于发现猎物。

大大的眼睛：视力很好，能精确地锁定猎物。

前腿上长长的尖刺：就像镰刀一样锋利，能牢牢地抓住猎物。

前腿末端的钩子：用来钩住猎物。

有力的口器：能咬穿昆虫的硬壳。

凶猛的行军蚁

行军蚁又称军团蚁，它们会聚集在一起组成侵略小组，在陆地上列队行走，一遇到猎物便会用颚将猎物撕碎并吃掉，然后继续以行军的队形前进。

▶ 行军蚁的队伍

伪装大师

昆虫身小力单，可以说是动物界的“弱势群体”，随时随地都可能面临危险。为了保护自己，许多昆虫练就了一身伪装绝技。

枯叶蝶

枯叶蝶是一种拟态本领高超的昆虫，全身呈古铜色，色泽和形态都酷似一片枯叶，就连翅膀上的翅脉也很像树叶的纹理。

枯叶蝶

▶ 蜂蝇

蜂蝇

蜂蝇是一种蝇类，却能伪装成蜜蜂的样子来吓退天敌。它的身上并没有螯针，但能模仿蜂类的蜇刺动作，还能发出蜜蜂一样的“嗡嗡”声。

竹节虫

竹节虫是名副其实的“伪装大师”。它的整个身子就像一根枯树枝，三对细长的腿在身体两侧伸开，上面还有分节，看上去和树枝没什么分别。

叶䗛

叶䗛也是竹节虫的一种，不过它长得不像枯枝，而是酷似一片树叶。它能完美地模仿树叶的各种形状，有些甚至看起来就像被虫子啃过似的。

螳螂家族的伪装术

兰花螳螂：隐藏在兰花丛中，能随不同兰花的花色调整自己身体的颜色，以便更好地捕捉猎物。

枯叶螳螂：生活在马来西亚、菲律宾等地的亚热带雨林里，模拟周边环境，变得与枯叶同色来隐藏自己，不让猎物发现。

幽灵螳螂：一种长相奇特的螳螂，是天生的优秀拟态猎手，能将自己完美地融入周围环境中，等待猎物上钩。

传播病菌的“祸首”

有些昆虫喜欢在人类的食物上爬行,有些会直接叮咬人,甚至寄生在人身上，它们是传播病菌的重要媒介,最常见的就是苍蝇、蚊子、蟑螂等。这些昆虫的适应能力很强,食性也很复杂。

苍蝇传播病菌

苍蝇总爱成群结队地徘徊在腐败、变质的垃圾周围寻找食物,在这个过程中,它们就“携带”上了各种病菌。

不生病的苍蝇

苍蝇从进食到将废物排出体外，一般只需要几秒钟的时间,细菌进入苍蝇体内,还没等繁殖出后代,就已经被排出体外了,所以苍蝇自己并不会生病。

蚊子的危害

蚊子的危害不仅仅是吸血，它们在吸血的同时还会传播疾病。由蚊子传播疾病而致死的人甚至比战争中死去的人还多。

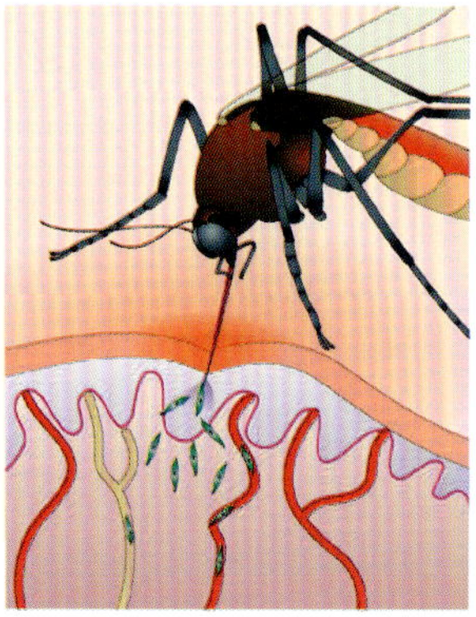

◀蚊子叮咬人时，它唾液中的寄生虫会随之进入人体的血液中

不讲究的蟑螂

蟑螂对吃不那么讲究，垃圾、粪便等都能成为它们的美味。蟑螂总是栖居在厨房靠近炉灶、水池的地方，污染食物，传播疾病。

◀ 蟑螂

顽强的蟑螂

蟑螂是地球上很古老的昆虫，它的生命力非常顽强，只喝水就能活一个月。值得一提的是，一只被摘掉头的蟑螂也可以存活好几天。

鼠疫的传播者

有很多跳蚤生活在老鼠身上，当它们吸过有鼠疫的老鼠血以后再来吸人血时，就会将鼠疫传播给人。

▲ 跳蚤

通过昆虫传染的疾病

疟疾、登革热、痢疾、伤寒、肝炎、鼠疫、黑热病、乙型脑炎、流行性出血热等，都属于这类传染病。

可怕的“吸血鬼”

昆虫中存在一些专门以吸食其他动物的血液为生的“吸血鬼”。除了我们熟知的蚊子以外，还有很多，它们在吸血的同时往往还传播各种可怕的疾病。

常见的蚊子

蚊子是最常见的吸血昆虫，它们总是在人身边“嗡嗡”地飞来飞去，然后找机会在人的身上叮一下，吸食人的血液。

雌蚊才爱吸血

不是所有蚊子都吸血，实际上，只有雌蚊才吸血，它们吸血的目的是促进产卵；而雄蚊只吸食花果液汁。

▲ 正在吸血的蚊子

专门的口味

蚊子吸人血似乎也有专门的口味，它们更喜欢叮咬爱出汗、体温较高、劳累或呼吸频率较快、新陈代谢快的人，还有孕妇和喝酒的人。

吸血昆虫

有臭虫、锥蝽、虱子、蚊子、蠓、白蛉、蚋、虻、舌蝇、螯蝇、虱蝇、蛛蝇、蝠蝇、跳蚤等。

▲ 锥蝽

专叮人脸的锥蝽

锥蝽因为头长得像一个锥子而得名。它的吸血方式很特别，专门叮咬人脸，喜欢寻找皮肤较薄的区域下口，比如唇部、眼睑等。

寄生的虱子

虱子是一种扁平的寄生昆虫，没有发达的复眼，也没有翅膀。它们几乎终生寄生在寄主身上，以寄主的血液为食。

◀ 虱子

▲ 牛虻

吸血的牛虻

牛虻是一种吸血的昆虫，外形就像一只巨大的苍蝇，是吸血昆虫中的“巨无霸”。它们不仅叮咬动物，还会叮咬人类。

奇特的昆虫

昆虫是动物家族中很特别的一个类群，它们的种类极其繁多，其中也不乏一些奇特的成员：有的长相非常怪异，有的有着和其他昆虫迥然不同的生活习性。

蜂鸟鹰蛾

蜂鸟鹰蛾是一种酷似蜂鸟的蛾子，被称为昆虫中的“四不像”。它不仅能像蜂鸟一样悬停在花前吸食花蜜，还能模仿蜂鸟快速振动翅膀。

▶ 蜂鸟鹰蛾

鬼脸天蛾

鬼脸天蛾背上长着一个骷髅头一样的斑纹，它还有很多奇异的习性。大部分蛾类都是自己采食花蜜，鬼脸天蛾却会袭击蜜蜂的蜂巢，偷取里面的蜂蜜为食。

蜾蠃

蜾蠃又叫细腰蜂，顾名思义，它的腰长得特别细。有意思的是，蜾蠃会捉一些蛾类的幼虫塞到巢里，供其幼虫孵化后食用。

蠼螋

蠼螋的身体后面拖着一对硬硬的小夹子，这是它的防身武器。当受到惊吓或威胁时，它就会翘起夹子示威，以此来吓跑敌人。

▶ 蠼螋

蠼螋的母爱

雌蠼螋产卵后，常会把卵摆放得整整齐齐，自己则伏卧其上。孵化期间，蠼螋妈妈一般不进食，并且还要不断地翻动这些卵，清除卵上的脏东西。

“耳夹子虫”

蠼螋的身体细长，又常常在夜间活动，所以很多人都误认为它们能趁人熟睡时爬到人的耳朵里，甚至钻入人的大脑，蠼螋也因此得到“耳夹子虫”这个名字。

象鼻虫

象鼻虫最奇异的地方就是头部长着一根像象鼻一样的东西，那其实是它们的口器，可以用来嚼食它们爱吃的棉花嫩芽和棉桃。

图书在版编目（CIP）数据

我的第一套视觉百科. 昆虫 / 张功学主编. -- 西安 : 未来出版社，2017.12（2023.10 重印）

ISBN 978-7-5417-6348-9

Ⅰ. ①我… Ⅱ. ①张… Ⅲ. ①科学知识—少儿读物②昆虫—少儿读物 Ⅳ. ①Z228.1②Q96-49

中国版本图书馆 CIP 数据核字（2017）第 317273 号

我的第一套视觉百科（精装）

WO DE DIYI TAO SHIJUE BAIKE

昆虫

KUNCHONG

主　　编	张功学
丛书统筹	魏广振
责任编辑	雷露深
美术编辑	许　歌
出版发行	未来出版社发行
地　　址	西安市雁塔区登高路 1388 号　邮编：710082
电　　话	029-89122853
开　　本	889 mm × 1194 mm　1/16
印　　张	3.5
字　　数	60 千
印　　刷	万卷书坊印刷（天津）有限公司
版　　次	2018 年 4 月第 1 版
印　　次	2023 年 10 月第 3 次印刷
书　　号	ISBN 978-7-5417-6348-9
定　　价	39.80 元